AF262289

MANIFESTE & PROGRAMME

DES

SOCIALISTES

GARANTISTES

CONTENANT :

1° Un exposé de principes ; 2° L'indication des réformes économiques à accomplir par les deux Chambres de la République.

Prix : 10 Centimes.

PARIS

LIBRAIRIE	LIBRAIRIE UNIVERSELLE
DES SCIENCES SOCIALES	DE GODET JEUNE
3, rue Hautefeuille.	9, place des Victoires.

1876

Le présent programme est le même, — sauf quelques modifications de détail, — publié par divers journaux, sous la forme d'un appel aux Electeurs, dans les premiers jours de février 1876.

Exposé de Principes.

Le suffrage universel a récemment désigné les nouveaux législateurs de la France et en même temps affirmé sa ferme volonté de voir la République devenir le gouvernement définitif du pays.

Cette volonté souveraine a brisé tous les ridicules obstacles qu'avaient accumulés les partisans des vieux régimes : la République est faite.

Mais ce n'est pas tout que de faire la République, il faut la conserver et la développer. Pour cela, il n'y a qu'un moyen : établir des lois conformes au principe démocratique, c'est-à-dire des lois faites dans l'intérêt du plus grand nombre des citoyens.

Il est opportun, en cette circonstance, d'appeler l'attention des législateurs et des citoyens sur l'objet le plus important de toute organisation sociale, sur une question que l'on a trop négligée : nous voulons parler du devoir qui incombe à tout législateur de travailler à répandre le bien-être dans les masses populaires.

*\
* *

Demander aux détenteurs de l'autorité publique, législateurs ou membres du gouvernement, de rechercher et d'appliquer les moyens propres à améliorer la condition matérielle et morale du plus grand nombre des citoyens, c'est demander la solution de la question sociale, c'est manifester des sentiments *socialistes*.

Pour éviter les confusions et les fausses interprétations, il est nécessaire de s'entendre et de bien préciser ce que signifient à l'heure actuelle les mots *socialisme* et *socialiste*.

Le Socialisme n'est pas ce que certaines personnes croient ; le Socialisme n'est plus ce qu'il a été autrefois.

Le parti socialiste a accompli, depuis quelques années, une évolution analogue à celle que l'on a vu se produire chez le parti républicain, dont il est une fraction.

Il est sorti, lui aussi, de la période purement théorique ; pourquoi ne dirait-on pas le mot ? utopique. Il croit que le moment est venu d'appliquer la méthode scientifique à l'organisation sociale et à ses modifications.

Il ne réclame plus, comme autrefois, une refonte complète et immédiate de l'organisation sociale ; il se borne à demander que la loi accorde aux citoyens, en tant que travailleurs, les *garanties* dont elle les entoure en tant qu'individus ou propriétaires.

Le parti socialiste a, d'autre part, appris par l'expérience que les sociétés humaines ne se transforment point du soir au lendemain ; que les progrès s'accomplissent successivement et que le temps ne respecte pas ce qui s'est fait sans lui.

Le parti socialiste est composé d'honnêtes gens, et tout homme honnête doit reculer devant l'application de projets de transformation brusque de la société, lorsqu'il en vient à comprendre que cette application pourrait provoquer d'incalculables désastres et des maux sans nombre si l'on s'était trompé !

Et il faut toujours craindre de se tromper !

Le parti socialiste, répudiant toute idée de recours à

la force, veut réclamer une à une les réformes qui doivent amener l'amélioration du sort des classes les plus pauvres et les plus nombreuses. Il veut obtenir pour ces réformes l'assentiment de l'opinion publique, puis leur réalisation par les mandataires du peuple. Quoi de plus juste ? quoi de plus régulier ? quoi de plus légal ?

*
* *

Sur le but même que poursuit le parti socialiste, il importe aussi de s'expliquer. Ce but, c'est le bien-être du plus grand nombre ; mais ce bien-être n'est pas celui qu'un parti irrémédiablement condamné par son passé se vante d'avoir donné à la France.

Ce n'est pas le bien-être de la corruption et de l'engourdissement dans la servitude, c'est au contraire le bien-être qui entraîne après lui la moralité et l'indépendance ; c'est le bien-être qui surexcite l'activité laborieuse ; c'est le bien-être du citoyen libre et digne : c'est, en un mot, le bien-être dont on doit jouir sous la République.

Il est incontestable que la misère est aujourd'hui le lot de la plupart des Français ; non-seulement elle règne au sein du prolétariat des villes, mais son empire s'étend aussi sur ces populations des campagnes, dont on a coutume de vanter l'heureux sort, sous prétexte qu'elles sont propriétaires, — nominalement du moins, — de la plus grande partie du sol national.

Aucun homme intelligent ne saurait contester la situation de mal-être du plus grand nombre des Français.

*
* *

Les projets de mesures législatives ayant pour but l'amélioration du sort des classes les plus pauvres et les plus nombreuses doivent rencontrer de nombreux obstacles.

Celui de ces obstacles que l'on aura le plus de peine à vaincre, sera l'opposition d'un groupe d'hommes, animés d'excellentes intentions, qui veulent le relèvement des masses plongées dans la misère, mais qui sont épris d'un système auquel les événements n'ont pas cependant donné raison jusqu'ici.

Dès que l'on parle de demander à la loi quoi que ce soit pour améliorer la situation matérielle des prolétaires, ces hommes prétendent que l'on veut porter atteinte au principe sacro-saint de la liberté individuelle. — Laissez faire ! laissez passer ! s'écrient-ils, reconnaissez la *liberté individuelle du travail*, et, par le libre jeu des intérêts, tout s'harmonisera, s'équilibrera, et il en résultera le bien-être général que désire tout cœur honnête !

Les hommes qui professent sincèrement cette opinion sont dignes d'estime, mais ils se trompent. Ils se trompent en voyant une atteinte à la liberté dans toute mesure législative ayant pour objet l'amélioration du sort des classes les plus pauvres et les plus nombreuses. Ils se trompent en croyant que le laisser-faire, le laisser-passer, soient la liberté, et qu'il doive en résulter le bien-être général.

Le laisser-faire n'est pas la liberté. Il n'en peut résulter que ce fait constaté par tous les observateurs désintéressés, et qu'affirmait, il y a peu de temps, un illustre économiste américain : les riches deviennent plus riches et les pauvres plus pauvres. Chaque jour voit disparaître les situations intermédiaires entre l'extrême opulence et l'extrême misère.

Les socialistes d'aujourd'hui, les socialistes *garantistes* aiment, eux aussi, la liberté, et c'est précisément parce qu'ils l'aiment avec passion, parce qu'ils la désirent réelle, effective, qu'ils ne veulent pas que la loi abandonne les citoyens qui ne sont armés ni par la richesse, ni par l'instruction, pour la défense de leurs intérêts industriels. C'est parce qu'ils aiment la liberté, la liberté sans épithète, qu'ils repoussent cette prétendue *liberté individuelle du travail*, qui a été la conclusion d'une récente enquête parlementaire. Cette liberté s'appelle le refus de la protection sociale à ceux qui en ont besoin; elle s'appelle l'interdiction à ceux qui sont faibles de s'unir pour créer une force et se protéger eux-mêmes.

La pauvreté et l'isolement combinés engendrent l'esclavage, le désespoir et les explosions aveugles.

A une époque qui n'est pas très-éloignée de nous, il n'existait aucune protection sociale des personnes ni des biens, chacun était tenu de se protéger soi-même. Lorsque, grâce au progrès des idées et des mœurs, on voulut établir une magistrature et une police, on vit se produire les réclamations de tous les hommes qui devaient à la vigueur de leur bras, à leur habileté à manier l'épée, de ne pas avoir besoin de protection : — Nous ne craignons rien, disaient-ils, et votre prétention de nous empêcher de nous faire justice nous-mêmes et de porter des armes, est une atteinte à notre liberté individuelle.

Les mœurs modernes ont fait justice de ces sophismes. Tout le monde reconnaît aujourd'hui que, dans la cité, la liberté sans l'égalité serait un leurre, et qu'accorder une liberté dont quelques-uns, les forts, pourraient seuls profiter, ce serait simplement fournir à ceux-ci les moyens d'opprimer les faibles.

La liberté individuelle qui prévaut aujourd'hui dans la production et l'échange, est une liberté analogue à celle qui existait relativement aux personnes et aux propriétés, à l'époque dont nous venons de parler.

Qui donc pourrait prétendre que la liberté règle actuellement les relations du capital et du travail? Ces relations sont cependant la base fondamentale de la société économique moderne.

*
* *

Entre le capital et le travail il existe aujourd'hui un antagonisme implacable, dont les auteurs d'enquêtes officielles sont obligés de reconnaître l'intensité.

Cet antagonisme est un mal, et il doit cesser. Pour qu'il cesse, il suffirait que les deux intérêts fussent placés dans une situation d'équilibre de forces; alors ils se respecteraient mutuellement, ils traiteraient d'égal à égal, — ce qu'ils ne font pas aujourd'hui; — ils règleraient par un contrat équitable la distribution du produit créé par leur coopération.

C'est l'établissement de cet équilibre de forces que désirent les socialistes. Ils savent parfaitement que la loi ne peut pas, à elle seule, donner ce résultat, ils savent qu'il y a une large part à faire aux efforts libres et spontanés des intéressés. Mais ils demandent au législateur de faire son œuvre, résolus à agir vigoureusement, eux-mêmes, en tant que citoyens, pour l'accomplissement de la tâche qui incombe à l'initiative privée.

*
* *

Sur un autre point encore, il importe de s'expliquer, afin de dissiper toutes les obscurités, et de prévenir tous les malentendus.

On croit généralement que le Socialisme n'a en vue que l'intérêt exclusif des prolétaires : c'est là une erreur. Le socialisme actuel est le défenseur des intérêts du travail sous toutes ses formes.

Il est le défenseur des intérêts des industriels, des commerçants et des petits propriétaires fonciers, aussi bien que de ceux des salariés de l'industrie et de l'agriculture.

Il revendique pour tous les groupes sociaux, pour tous les intérêts, une part dans le gouvernement du pays.

Il proclame que, pour faire les lois régissant les intérêts des citoyens, il faut connaître chacun de ces intérêts, *il faut être compétent.*

Les commerçants et les industriels ne sont-ils pas ceux qui ont eu le plus à se plaindre de l'incompétence des législateurs du passé ? N'ont-ils pas été lésés, et, par contre-coup, la société entière n'a-t-elle pas été lésée par l'imperfection des lois fiscales, par les réglementations inintelligentes, par la mauvaise rédaction des conventions internationales ?

****

Pour donner plus de clarté et un caractère pratique au programme socialiste actuel, il est utile de formuler d'une manière précise les propositions que devraient faire les membres socialistes des assemblées de la République. Les voici :

PROGRAMME.

1° Considérant que le droit de travailler à conquérir le bien-être, droit reconnu et proclamé par tous, amis ou adversaires du Socialisme, ne saurait être légitimement borné à un exercice individuel, d'où il résulte que les individus ayant un même intérêt et un égal désir d'améliorer leur situation ont le droit de travailler collectivement à cette amélioration ;

— Il est urgent d'abroger toutes les lois prohibitives de la liberté d'association et tout spécialement la loi du 17 juin 1791, qui interdit toute société entre les citoyens ayant des intérêts communs. Tant que cette dernière loi n'aura pas été abrogée, le sort des chambres syndicales d'industriels, de commerçants, d'ouvriers, d'agriculteurs, sera précaire et dépendra des fluctuations de la politique ou du caprice des gouvernants. Il est en outre possible de concilier la liberté d'association professionnelle avec des mesures préventives contre le retour aux abus des anciennes corporations.

*
* *

2° Considérant que le plus grave souci de tout citoyen qui vit de son travail et non du loyer de ses capitaux, est la situation qui lui sera faite lorsque, par suite de l'âge ou de la maladie, il sera incapable de gagner un salaire ;

Considérant que les salaires de la plupart des travailleurs étant notoirement insuffisants pour la vie quotidienne, ne peuvent, à plus forte raison, permettre l'épargne ;

— Il y a lieu d'étudier les moyens d'assurer une retraite aux invalides de l'agriculture et de l'industrie.

*
* *

3° Considérant qu'une des conséquences de la division de la population industrielle en spécialités professionnelles ainsi que du perfectionnement de l'outillage mécanique, a été la production et l'aggravation de ces crises périodiques qu'on nomme des *chômages*, crises qui plongent les populations industrieuses dans le plus affreux dénûment, rendent impossibles la prévoyance individuelle, et fort difficile la prévoyance collective ;

— Il y a lieu de rechercher les causes qui engendrent ces fléaux industriels, ainsi que les moyens législatifs et autres propres à les faire disparaître ou tout au moins à en atténuer les fâcheux effets.

* *

4° Considérant qu'une des conséquences de la liberté de l'industrie et de l'extension du système de la division du travail a été l'abaissement du savoir technique professionnel chez les patrons aussi bien que chez les ouvriers ;

— Des législateurs soucieux des intérêts du pays devraient s'occuper des moyens d'organiser l'instruction professionnelle industrielle et agricole.

* *

5° Considérant que l'intelligence et la capacité naturelles ne proviennent pas de la fortune que possède chaque individu ;

Considérant qu'il se trouve fréquemment parmi les enfants des familles pauvres des esprits d'élite qui, cultivés avec soin, pourraient rendre à la nation et à l'humanité entière des services signalés, en contribuant soit au développement du bien-être général, soit aux progrès de l'esprit humain ;

— Il importerait de rendre l'instruction supérieure accessible à tous par voie de concours.

* *

6° Considérant que c'est un immense danger pour la nation que l'existence de catégories sociales procédant de points de départs absolument opposés ;

— Le devoir du législateur futur ne consistera pas seulement à établir suffisamment d'écoles pour qu'aucun enfant ne reste sans instruction : il consistera aussi à établir un programme unique pour l'éducation primaire.

* *

7° Considérant qu'avec le développement actuel des

sciences et de l'industrie aucun esprit ne peut être assez puissant pour connaître toutes les questions qui sont du domaine de la législation nationale ou internationale ;

— Il serait bon d'instituer, à côté du ministre de l'agriculture et du commerce, une commission consultative composée de représentants élus de tous les grands intérêts économiques du pays.

8° Considérant que la compétence est indispensable pour prononcer sur les conflits qui se produisent entre citoyens relativement à des questions spéciales ;

— Il y a lieu d'étendre et de modifier l'organisation des corps judiciaires, appelés tribunaux de commerce, de telle manière que tous les justiciables participent à leur nomination, et que tous les intérêts soient assurés de trouver des juges, non-seulement intègres, mais en outre compétents.

9° Considérant que les mêmes nécessités de compétence existent pour les magistrats appelés à terminer les contestations s'élevant entre patrons et ouvriers d'une même industrie ;

— Il y a lieu de modifier l'organisation et la compétence des conseils de prud'hommes de telle manière que leurs membres soient toujours aptes à trancher les questions qui leur sont déférées, et que toutes les questions relatives au travail soient soumises à leur juridiction.

10° Considérant que si, en l'état présent de l'industrie, le droit de coalition et de grève, c'est-à-dire le droit de guerre industrielle, ne saurait être contesté aux ouvriers ni aux patrons, d'autre part, il est parfaitement reconnu que l'exercice de ce droit entraîne pour ceux qui le pratiquent des souffrances parfois hors de proportion avec le résultat désiré, et pour la société en général des conséquences préjudiciables ;

— Il serait bon que le législateur recherchât et appliquât les moyens propres à rendre aussi rares que possible les crises que provoque l'exercice de ce droit.

(On pourrait, pour cela, reconnaître aux chambres syndicales de patrons et d'ouvriers leur situation d'auxiliaires des conseils de prud'hommes, et notamment déclarer valables et exécutoires pour les parties contractantes les accords intervenus entre les syndicats de patrons et les syndicats d'ouvriers.

On pourrait également, pour les professions où n'existeraient pas de semblables contrats, établir une procédure d'arbitrage et de conciliation qui pourrait rendre souvent inutile le recours à la grève.)

***

11° Considérant que dans les ateliers, chantiers et mines ou travaillent des ouvriers et ouvrières de tout âge, les prescriptions les plus élémentaires de l'hygiène sont rarement observées ;

— Il est urgent que les dispositions des lois relatives aux logements insalubres soient appliquées aux lieux de travail.

***

12° Considérant que la présente organisation industrielle est susceptible de profondes modifications en ce qui concerne les rapports du travail et du capital ;

— Il serait bon de procéder à une enquête sur l'influence qu'a eue pour le développement des associations coopératives la loi de 1867, et sur les modifications qu'il conviendrait d'apporter à cette loi.

13° Considérant que si le libre contrat doit être la loi de l'industrie moderne, ce ne peut être qu'à la condition que l'ouvrier pourra changer de patron, et le patron changer d'ouvrier ;

Considérant que cette faculté n'existe pas dans certaines industries pour lesquelles la loi a établi un monopole, soit entre les mains de l'Etat, soit entre les mains de grandes compagnies privilégiées ;

— En conséquence, la situation des ouvriers et employés de ces industries monopolisées, ouvriers et employés que la loi prive de la faculté de discuter leurs salaires, puisqu'ils n'ont jamais qu'un seul patron en face d'eux, doit être établie par des règlements d'administration publique, élaborés par des délégués de tous les intéressés.

Il y a lieu, en outre de soustraire les travailleurs de ces industries à l'arbitraire de chefs irresponsables et d'établir pour eux des conseils de prud'hommes spéciaux.

14° Considérant que, sans même s'arrêter à toutes les économies qu'il est possible de réaliser, il est certain que les procédés fiscaux auxquels on a recours aujourd'hui exercent une fâcheuse influence sur la production et l'échange, il est certain que les impôts actuels diminuent le bien-être général, non seulement par ce qu'ils prélèvent, mais en même temps par ce qu'ils empêchent de produire ;

— En conséquence, il serait urgent de procéder à des expérimentations partielles en vue d'une application générale des deux systèmes d'imposition directe : sur le revenu et sur le capital.

CONCLUSION.

.e parti socialiste adhère d'autre part à tous les points du rogramme politique républicain : Liberté de réunion, libe.é de la presse, éducation gratuite, laïque et obligatoire ; sépaation absolue des Eglises et de l'Etat ; garanties pour la liberté individuelle ; réorganisation administrative, judiciair et militaire, et surtout décentralisation : autonomie comlète de la commune, du canton et du département pour outes les affaires qui ne concernent qu'eux-mêmes ; nomiation des administrateurs par les communes et les déparements.

Il st, en outre, deux points à ajouter à ce programme politiqe : le premier est l'amnistie pour les malheureux qui suportent encore les conséquences de la guerre civile. La République française est aussi capable de supporter la clémene que la République américaine.

Le econd point est la *Paix*. Les égorgements entre nationsne sont plus de notre époque, et le futur gouvernementde la République, — sans négliger les mesures de précautbns que nécessite l'état de choses international que l'ambitim des monarques a créé en Europe, — devrait s'associei aux gouvernements Anglais, Italien, Américain, Suédois, Danois et Canadien, pour demander l'établissement d'un tribunal d'arbitrage international destiné à prévenir les guerres et à permettre le désarmement.

Voilà dans quelles conditions le parti socialiste se présente au pays; il espère que tous les citoyens honnêtes et intelligents comprendront la justice de tous les points du programme ci-dessus, la parfaite possibilité de leur réalisation avec le temps, et qu'ils voudront contribuer à cette réalisation.

POUR PARAITRE PROCHAINEMENT

LE SOCIALISTE

GARANTISTE

Journal hebdomadaire consacré à la défense des intérêts moraux et matériels des travailleurs et à la revendication des *garanties sociales.*

—

Prix de vente : **5 CENTIMES** le numéro.

ABONNEMENT : 4 fr. pour un an — 2 fr. pour six mois.

Sancerre. — Imprimerie A. AUPETIT.